AF331552

BASES DE L'ÉLECTION

PAR LE SUFFRAGE UNIVERSEL ET DIRECT

Avec Pièces à l'appui

Par un Électeur.

DÉDIÉ AU COMITÉ DE CONSTITUTION.

Liberté dans le choix des Représentants ;
Egalité dans le droit des Electeurs ;
Vérité dans la Représentation nationale.
P^r DE FLEURY.

PRIX : 50 c.

PARIS,

IMPRIMERIE MAULDE ET RENOU,

Rue Bailleul, 9-11.

Mai 1848.

BASES DE L'ÉLECTION

PAR

LE SUFFRAGE UNIVERSEL ET DIRECT

(Avec Pièces à l'appui).

L'Assemblée nationale va, sous peu de jours, délibérer en souveraine sur les grandes questions politiques et sociales, dont la Révolution de février rend la solution nécessaire. Garantir le présent contre l'anarchie et la guerre civile , en donnant satisfaction , dans une juste mesure, à toutes les prétentions légitimes ; assurer l'avenir par des institutions démocratiquement prévoyantes, telle est la tâche qui va lui échoir, tâche immense et d'autant plus effrayante, qu'elle devra l'accomplir sans délai.

Il importe donc de déblayer le terrain devant elle, et de rendre ainsi moins difficile la rapide improvisation de laquelle dépendent l'avenir et la grandeur de la France.

Le principe du Gouvernement étant admis, une des premières questions à résoudre, pour la mise en pratique de la Constitution nouvelle, sera la question électorale.

Sur ce point, comme sur tous les autres, nous ne saurions un seul instant mettre en doute le droit qu'à l'Assemblée de se prononcer en toute liberté, sans se laisser arrêter par les décrets du Gouvernement provisoire, décrets qui ne peuvent avoir qu'une valeur transitoire, tant qu'ils n'auront pas reçu son indispensable consécration. Improvisé pour les besoins de la circonstance, celui du 5 mars 1848 ne doit être pris par elle en considération, que comme ayant donné lieu à une expérience électorale de laquelle il importe de tirer de salutaires enseignements.

Bien des critiques peuvent être adressées au décret électoral provisoire. Examinons-les succinctement, et nous dirons ensuite quels sont, à nos yeux, les moyens efficaces de le modifier utilement.

Sous l'empire de la loi électorale précédente, les élections étaient, dans presque tous les colléges, le produit de ce que, *par un cinique abus de l'art de bien dire*, un ministre de cette époque avait déguisé sous la qualification d'*abus des influences*. Influences locales, influences de clocher, d'autant plus faciles à se perpétuer, qu'elles s'exerçaient sur un personnel électoral moins nombreux.

Mais à cet abus, le décret provisoire, s'il n'était promptement modifié, en aurait substitué un autre aussi grand, plus grand peut-être. A la place des influences locales, nous aurions à subir les influences des chefs-lieux de département.

En mettant ainsi en mouvement des masses d'électeurs, dont les votes devaient aboutir à ces chefs-lieux, le Gouvernement provisoire a complétement manqué le but qu'il se proposait ; car il n'a pas même sauvegardé le vote direct, qu'il considérait cependant comme l'élément principal, indispensable d'une forme électorale démocratique.

En effet, les difficultés d'exécution et l'impossibilité, pour toutes les communes éloignées des centres de population, de se concerter entre elles, n'ayant pas tardé à devenir manifeste, il en est résulté ce qui suit :

Dans chaque commune rurale, des délégués furent désignés, lesquels se réunirent, pour se concerter, aux chefs-lieux de cantons ; mais comme les cantons qui absorbaient les communes étaient à leur tour absorbés par les arrondissements, ces délégués ne purent se dissimuler que leur travail deviendrait complétement inutile, s'ils ne cherchaient d'abord à établir un concert entre les délégués de chacun des cantons de l'arrondissement. De là, nouvelle délégation choisie dans le sein de la délégation primitive, avec mandat de se réunir aux délégations des divers cantons, en se concentrant aux chefs-lieux d'arrondissement.

Mais que sont les chefs-lieux d'arrondissements, eu égard aux chefs-lieux des départements ? Le seul, le vrai théâtre de la lutte électorale était sur ce dernier point. C'est là que les candidatures venaient affluer, certaines, si elles parvenaient à s'y créer des chances de succès, que ces chances se répandraient de proche en proche , par l'intermédiaire des délégues , du chef-lieu aux arrondissements, des arrondissements aux cantons, des cantons aux communes rurales.

Force fut donc aux délégués de cantons sous peine de rendre leur mission stérile, de choisir parmi eux des délégués d'arrondissement, qui reçurent mission de se réunir, pour se concerter , aux chefs-lieux de département.

Et si encore ces délégués d'arrondissements (résultat de trois degrés d'élection), réunis aux chefs-lieux de département, avaient pu décider du choix à faire parmi les candidats, la population électorale tout entière aurait été, quoique bien indirectement, représentée ; mais il ne faut pas oublier que ces délégués, au troisième degré, ne remplissaient qu'une mission officieuse, qu'ils allaient seulement *aux renseignements*, et qu'ils ont dû accepter, en quelque sorte, les candidatures toutes faites des chefs-lieux de département. Là seulement, en effet, la population pouvait se concerter sans difficulté, sans déplacement, sans intermédiaire, et, par son agglomération même , elle donnait aux candidatures qu'elle acceptait la certitude du succès.

Nous le demandons, un pareil système est-il propre à sauvegarder la liberté, l'indépendance des votes de l'immense majorité des citoyens? La réponse ne saurait être douteuse. Les quatre-vingt-six chefs-lieux de départements deviendraient ainsi quatre-vingt-six laboratoires d'où sortiraient des élections toutes faites, devenues, la plupart du temps, la proie des ambitions les plus outrecuidantes et les plus bavardes, et qui s'imposeraient aux départements, sans que ceux-ci eussent aucun moyen de balancer et de combattre cette suprématie citadine.

Dès lors, impossibilité pour la population si nombreuse et si intéressante des campagnes qui, après tout, est la masse de la nation, de choisir autour d'elle ces individualités intelligentes mais modestes , qu'elle connaît et qu'elle estime, dont elle peut apprécier les intentions, chez lesquelles le passé répond de l'avenir ; mais obligation de déposer dans l'urne des listes que les voitures publiques lui auront apportées toutes faites, à moins qu'elle ne préfère éparpiller les votes au profit de candidatures impossibles, ou abdiquer son droit électoral en s'abstenant.

Non, ce système n'est pas sincèrement démocratique ; il est la négation de la liberté, de l'indépendance des votes de l'immense majorité des électeurs, qu'il réduit au rôle d'automates votants (1) ; il est la négation de l'égalité, car il établit au profit de quelques localités un privilége exorbitant ; il crée une aristocratie citadine, incompatible avec les institutions que nous devons fonder ; il réagirait à la longue d'une manière funeste sur l'agriculture, qui a été singulièrement négligée jusqu'à ce jour, et que l'on semble oublier, dans un moment où elle seule peut-être est en mesure de fournir les éléments de la solution du problème si ardu, si redoutable de l'organisation du travail.

Mais ce n'est pas seulement entre les électeurs d'un même département que le décret a établi des priviléges ; il en établit encore entre les électeurs des différents départements.

De quel droit, par exemple, un électeur du département de la Seine concourt-il à la nomination de trente-quatre représentants, tandis que celui de l'Oise, par exemple, ne peut placer que 10 noms sur sa liste, celui des Pyrennées-Orientales 5, et celui de la Lozère seulement 4 ? Est-ce à dire que les citoyens qui habitent Beauvais, Perpignan ou Mende, doivent avoir une aptitude électorale, le premier 3 fois 1/2, le second 7 fois, le troisième enfin 8 fois 1/2 moindre que l'électeur de Paris ? Est-ce de la justice, est-ce de l'égalité ?

C'est de l'inégalité flagrante, non seulement entre les électeurs, mais encore entre les élus. L'un arrivera à l'Assemblée représentant à peine les sympathies de 8 à 10,000 électeurs, l'autre y sera porté par l'acclamation de 300,000 citoyens. Quelle que soit sa modestie, le dernier y prendra sa place avec toutes les apparences de la supériorité, car son élection aura été un véritable triomphe. Le premier, au contraire, débutera obscur, et dans une situation évidente d'infériorité relative. A un moment donné, cette différence seule peut devenir un grave danger pour la liberté.

Mais, dira-t-on, le chiffre de la population étant admis comme base de la représentation, les départements ne sauraient avoir le même nombre de représentants ; rien de plus juste. Mais en divisant les électeurs en catégories départementales, le décret a exagéré la capacité électorale de ceux qui habitent les uns, amoindri celle de ceux qui habitent les autres. C'est là que sont l'injustice et l'erreur.

Les droits électoraux de tous les citoyens sont égaux, quel que soit le point du territoire français qu'ils habitent. Tel est le principe. Le décret l'a-t-il sauvegardé ou méconnu ? Chacun peut répondre.

Loin de nous la pensée d'incriminer les intentions qui ont presidé à la rédaction de ce décret ; mais, rédigé à la hâte, il est loin d'avoir atteint la perfection, et nous pensons que l'Assemblée nationale doit s'appliquer à faire disparaître ses défectuosités.

Les moyens pour y parvenir nous paraissent simples et faciles.

Soit, comme dans le décret, le chiffre de 40,000 habitants, admis comme base de l'unité électorale. Le conseil général de chaque département, serait chargé de diviser son territoire en autant de cantons électoraux qu'il y aurait de fois 40,000 âmes dans sa population. Les statistiques détaillées du département lui fourniraient les éléments de cette division, qui devrait être faite par agglomératiou de communes limitrophes, sans tenir compte des divisions administratives établies dans un autre but.

Celà fait, resterait à décider la question de savoir si chaque canton, représentant l'unité électorale, devrait voter isolément ou collectivement avec une on plusieurs autres unités.

Or, chaque unité, présentant une population de 40,000 âmes, donnerait approximativement un personnel de 8 à 10,000 votants. Est-il logique d'admettre, que les abus d'influence, devenus si graves sous le régime déchu, alors qu'ils s'exerçaient sur quelques centaines à peine d'électeurs, pourraient se reproduire en présence d'un aussi grand nombre? Pour notre part, nous ne le pensons pas, et nous serions disposés à admettre le vote par unité, ou, comme nous l'avons désigné plus haut, par canton électoral.

Quant au mode à choisir pour le vote dans chaque canton électoral, nous repoussons celui que le décret provisoire inaugure. Le vote au chef-lieu a occasionné sur beaucoup de points des collisions entre les communes, venues trop tôt ou trop tard pour prendre leur rang, et qui ne voulaient pas avoir parcouru de grandes distances inutilement. Il entraîne, pour les communes éloignées, une dépense et une fatigue qui, par les temps de pluie et par les journées courtes de l'hiver, rendraient l'exercice de leur droit électoral onéreux et quelquefois impossible ; il établit toujours un privilége au profit des villes et au détriment des campagnes.

A ce mode, essentiellement vicieux, nous voudrions substituer le vote par communes, qui nous paraît renfermer la solution de toutes les difficultés. Le maire et le conseil municipal tout entier composeseraient le bureau. Le procès-verbal constatant le résultat du dépouillement serait signé par tous ses membres ; il serait apporté au lieu désigné par le conseil général, comme chef-lieu du canton électoral, par le maire. Là, les maires rassemblés se constitueraient, ils choisiraient parmi eux un président et deux secrétaires ; les procès-verbaux seraient compulsés, et de leur rapprochement sortirait le résultat définitif, qui ne pourrait être obtenu qu'à la majorité des suffrages.

Ce n'est pas sans raison que nous voudrions que les nominations ne pussent avoir lieu qu'à la majorité des suffrages. Le decret en déclarant implicitement que, le cas échéant, 2,000 votes pourraient suffire à valider une élection, a offert un appât à toutes les vanités, il a encouragé ce nombre infini de candidatures parasites que le mois de mars a vu éclore, espérant escamoter une élection de 2,000 votes, à la faveur de la dispersion des suffrages. La nécessité de réunir la majorité absolue, ferait, nous le pensons, justice de ces prétentions ridicules; elle donnerait aux élus une considération plus solennelle; elle déjouerait l'intrigue; elle ne permettrait d'autre influence que celle que doivent naturellement exercer, le talent, le souvenir de services rendus, la bonne renommée, les dévouements éprouvés; influence légitime celle-là, car elle repose sur les seules distinctions qu'admette le principe démocratique, influence heureuse, car elle mettrait toujours au service du pays les plus belles facultés de l'intelligence unies aux plus nobles inspirations du cœur de l'homme.

Dès lors plus de conflits possibles entre les communes, plus de déplacement, plus de fatigue, plus de dépense pour l'électeur rural, plus d'obstacle à l'exercice de son droit, plus de ces candidatures impossibles, plus de ces disproportions énormes entre le nombre des suffrages obtenus par les différents candidats. Et ce mode n'aurait rien que de normal, il ne serait que la reproduction simultanée de ce qui se passe dans chaque commune pour les élections municipales; il aurait de plus l'avantage que chaque électeur viendrait déposer son vote en présence et entre les mains des hommes qu'il connaît et qui ont sa confiance; car c'est lui-même qui les a investis des fonctions municipales.

Le maire seul, personnifiant la commune, serait ainsi sujet à un déplacement que, pour lui seul, on pourrait toujours rendre facile.

Si cependant, et par une crainte à nos yeux mal fondée, la nomition par unité électorale était repoussée, il serait également facile, en conservant ce mécanisme, de grouper les unités ou cantons électoraux de manière à former des arrondissements électoraux, composés chacun d'un égal nombre d'unités. Soit, deux, trois où un plus grand nombre par arrondissement. Cette uniformité ne serait pas par département, mais pour la France entière.

Dans ce cas, au lieu de porter un seul nom sur chaque billet, l'électeur voterait par bulletin de liste, et désignerait autant de candidats qu'il y aurait d'unités par arrondissement. Tous les autres détails du mécanisme demeureraient les mêmes, et le résultat définitif ne serait obtenu, que par le rapprochement des procès-verbaux constatant les résultats produits dans les réunions centrales des maires de toutes les communes composant chaque unité électorale. Les présidents et les secrétaires désignés dans ces réunions, après s'être réunis au point marqué comme chef-lieu de l'arrondissement électoral, et s'être constitués, feraient le dépouillement définitif, et proclameraient les élus à la majorité absolue des suffrages.

Mais de combien de cantons électoraux où unités devrait se composer chaque arrondissement électoral ?

Pour arriver à ce sujet à une appréciation rationnelle, il faut ne pas perdre de vue les considérations émises plus haut, et se pénétrer de la nécessité de conserver à l'électeur la liberté et l'indépendance de son vote. Or, la réunion de deux unités donnerait une population de 80,000 âmes, avec trois unités, elle s'éleverait à 120,000. Ne serait-ce pas déjà beaucoup trop pour que, dans l'immense majorité des localités, on ne courût le risque de retomber dans les graves abus que nous avons signalés.

A notre avis, des arrondissements composés de deux unités devraient être la limite extrême, 80,000 âmes donneraient un chiffre approximatif de 16 à 20,000 électeurs, chiffre bien suffisant pour garantir contre l'abus des influences, et les circonscriptions de cette étendue laisseraient encore aux communes rurales la possibilité de se concerter entre elles, ainsi aux électeurs, l'espoir de voir proclamer les deux noms qu'ils auraient portés sur leurs bulletins.

Ici peut se présenter une objection qu'il importe de combattre et de détruire d'avance.

On dira : si l'on admet que les arrondissements électoraux doivent être composés de deux unités, ce système ne sera applicable que dans les départements ayant à nommer un nombre pair de représentants. Dans tous ceux qui devront nommer un nombre impair, il est d'une application impossible.

Sans doute, si l'on admet qu'il ne saurait y avoir d'affinité possible qu'entre les électeurs du même département, et incompatibilité entre ceux de départements différents, quelque voisines d'ailleurs que soient les localités qu'ils habitent.

Pour bien comprendre l'inconséquence de cette donnée, il suffit de jeter les yeux au hasard sur la carte de France. Que l'on prenne, par exemple, dans le *département du Nord*, qui occupe un espace peu profond, mais très long de notre frontière (voir à la fin la figure n° 1), et que l'on juge, si il y a plus d'affinité entre *Avesnes* et *Dunkerque*, situés à trente-cinq lieues de distance, bien que ces deux villes appartiennent au même département, qu'entre *Avesnes* et *La Chapelle*, situées à quelques lieues à peine l'une de l'autre, quoique la dernière appartienne au département de l'*Aisne*. Eh ! bien, dans le système du décret, *Avesne* doit forcément concourir au même scrutin que *Dunkerque*, tandis que *La Chapelle* votera forcément avec *Villers-Cotterets*, située à vingt-cinq lieues d'elle, laquelle localité, à son tour, présenterait bien plus d'affinité avec telle autre du département de *l'Oise*, *Crépy* par exemple. Il est inutile de pousser plus loin cette démonstration.

Ainsi, dans la plupart des circonscriptions départementales, dans toutes même, il n'y a ni concert possible, ni affinité réelle, entre les électeurs situés à de grandes distances les uns des autres. En les faisant voter par masse de 16 à 20,000, au plus, nous voudrions, avant tout, que ces agglomérations déjà fort considérables, fussent composées, non plus en raison des circonscriptions administratives, mais en raison des affinités de population. À notre avis, rien ne s'opposerait à ce que les arrondissements électoraux fussent, quand les circonstances l'exigeraient, composés de deux cantons ou unités appartenant à deux départements limitrophes. Un exemple suffira pour mettre en lumière ce que ce projet renferme de praticable et de rationnel.

Soient les départements *de l'Aude* et celui des *Pyrennées-Orientales* qui sont limitrophes. Le premier nomme sept représentants, le second en nomme cinq, total douze (voir la fig. n. 2). Six cantons de *l'Aude* formeraient trois arrondissements nommant chacun deux représentants. Quatre cantons des *Pyrennées-Orientales* formeraient deux arrondissements nommant chacun deux représentants. Et, le septième canton de *l'Aude*, groupé avec le cinquième canton des *Pyrennées-Orientales*, qui lui serait limitrophe, formerait un sixième arrondissement qui, tout mixte qu'il serait, ne serait pas à beaucoup près composé d'éléments aussi peu homogènes, que *Avesne* et *Dunkerque* (département du *Nord*, plus de trente lieues de distance), *Villemuz* et *Bagnères-de-Luchon* (*Haute-Garonne, plus de trente-cinq lieues de distance*), et tant d'autres localités, que le décret oblige à concourir à un scrutin commun, auquel elles ne sauraient apporter ni un concert préalable de leurs volontés, ni des votes réellement sympathiques. Une combinaison pareille, pourrait avoir lieu entre le département des *Pyrennées-Orientales* et celui de *l'Ariége*. (Voir à la fin la note n° 2.)

Par ce moyen bien simple, disparaîtrait cette inégalité flagrante, entre les droits électoraux conférés aux citoyens des différents départements. Celui de *la Seine* aurait trente-quatre cantons groupés en seize arrondissements électoraux. Celui *du Nord* aurait vingt-huit can-cantons et quatorze arrondissements électoraux, ainsi de suite ; et ᶜ ᵐᵈ. à cause du chiffre de la population de certains départements les conseils généraux seraient forcés à les diviser en un nombre impair de cantons, ils les grouperaient, de manière à faciliter l'annexion des cantons devant former les arrondissements mixtes à leur frontière commune. Cette répartition serait l'objet d'un travail général soumis, en raison des variations probables dans le chiffre de la population, à une révision décennale.

Est-il nécessaire maintenant, pour les mettre en lumière, de développer longuement les avantages que ce système offre, comparé à celui du décret provisoire? Nous ne le pensons pas. Si ces avantages ne ressortent pas naturellement du rapide exposé que nous venons de faire, c'est que notre erreur est profonde, et notre but est manqué. Il est cependant une considération que nous ne saurions passer sous silence.

En affranchissant les élections du contact de la surveillance directe des agents administratifs délégués par le pouvoir central, en donnant aux représentants de tous les points du territoire une part égale de considération, en faisant disparaître toute inégalité entre les élus, nous les investissons de la même autorité morale, nous les entourons du même prestige, et ce n'est que justice, il faut le répéter bien haut.

Ne serait-ce pas là un immense résultat obtenu, qui préviendrait à tout jamais peut-être, en les étouffant dans leur germe, les susceptibilités, les rivalités provinciales, désormais sans excuse? Ne serait-ce pas un moyen d'éloigner pour toujours cette question du *fédéralisme* que la justice, l'indépendance, l'égalité des droits pour tous les points du territoire peuvent seules empêcher de surgir? Question brûlante, qui porte fatalement dans son sein la guerre civile, l'anarchie, le retour vers les plus mauvais jours de notre histoire, la honte de la France, sa déchéance morale dans le monde, peut-être la perte de sa nationalité. Sachons le comprendre. En 93, les peuples nous regardaient avec terreur ; ils nous regardent aujourd'hui avec espérance. Soyons à la hauteur de notre mission. Rendons, par une justice égale pour tous, toute pensée de fédéralisme impossible, et la France accomplira ses destins dans une puissante et féconde unité, et les bras sanglants d'une terreur nouvelle n'étoufferont pas dans son berceau cette espérance que les peuples ont mise en nous.

En nous résumant, il nous semble que ce système, dont le mécanisme serait simple, est éminemment applicable au vote direct et universel, qu'il préviendrait les abus auxquels l'application du décret a donné naissance, qu'il donnerait à la volonté des électeurs plus d'indépendance, en rendant les choix plus faciles ; qu'il ferait disparaître tous les priviléges des villes, ainsi que ceux des départements les plus populeux ; qu'il assurerait aux électeurs de tous les points du territoire des droits égaux ; qu'il entourerait les élus du même prestige ; en un mot, qu'il réaliserait dans la pratique notre épigraphe :

Liberté dans les choix,

Egalité dans les droits électoraux,

Et comme conséquence dernière, vérité dans la représentation nationale.

Crepy en Valois (Oise), le 10 mai 1848.

(1) On lit dans le *National* du 30 avril 1848 la lettre suivante :

Citoyen rédacteur,

Permettez-moi d'user de la voie de votre excellent journal pour demander quel est ce M. Schmit qui est nommé le 24ᵉ représentant de Paris, et *pour lequel je déclare avoir voté, le supposant un honnête et laborieux ouvrier*, unissant la théorie à la pratique et la morale au travail.

On m'assure que c'est un *ancien chef de division* des ministres MM. Barthe, Persil et Martin (du Nord), ancien maître des requêtes, ancien officier de la Légion-d'Honneur. *Est-il possible qu'une telle confusion ait eu lieu ?*

Salut et Fraternité.

Aug. PORTALIS.

Paris, ce 29 avril 1848.

Cette confusion a eu lieu à Paris, au centre des lumières, après deux grands mois de préparation aux élections.

Si M. Portalis, procureur-général près la Cour d'appel de la Seine a voté en aveugle, que penser des votes des pauvres électeurs des campagnes ?

Cette lettre est le meilleur réquisitoires contre le décret.

(2) De l'exemple que nous choisissons il ne faudrait pas conclure que si un département ayant une population représentant *un nombre impair* d'unités, se trouvait entouré de départements placés dans des conditions de populations différentes, se résumant toutes en un *nombre pair d'unités*, ce système ne lui serait pas applicable. Dans ce cas, l'un des départements circonvoisins au premier, touchant par une partie de ses limites à un autre département *à nombre impair d'unités*, servirait d'intermédiaire, en combinant une de ses unités avec les unités *impair* des deux autres.

— Ce travail général ne serait ni bien long ni bien difficile, et les avantages que nous cherchons à atteindre et qui en découlent, valent bien la peine de l'entreprendre.

PROJET DE LOI

RÉSUMANT NOTRE PENSÉE.

ARTICLE PREMIER.

La population française sera représentée à raison de un délégué par 40,000 habitants.

ART. 2.

Les conseils généraux seront convoqués à l'effet de diviser chacun le département qu'il représente en autant d'unités électorales (ou cantons électoraux, suivant la désignation adoptée, renfermant chacune 40,000 habitants), qu'il y aura de représentants à nommer. Ils désigneront dans chaque unité (ou canton) un chef-lieu, où devra s'opérer le dépouillement général des scrutins des communes composant cette unité.

Ces divisions territoriales seront tracées en dehors des circonscriptions administratives, et par affinité de populations.

Ces unités seront ensuite groupées en arrondissements électoraux, contenant chacun deux unités, qui voteront en commun. Cette agglomération d'unités aura lieu également en dehors des circonscriptions administratives, et par affinité de populations. Un chef-lieu sera désigné.

ART. 3.

Si le chiffre total de la population d'un département est tel, qu'il y ait nécessité de nommer un nombre impair de représentants, les arrondissements électoraux seront combinés de manière à ce que l'une des unités de ce département puisse être groupée avec une de celles d'un département voisin, et faire un arrondissement mixte à leur frontière commune.

ART. 4.

Le vote sera direct et universel (sauf les exceptions indiquées au décret); il aura lieu dans chaque commune, par bulletin de liste, portant deux noms, sous la présidence du maire, et en présence du conseil municipal, qui sera chargé du dépouillement du scrutin et dressera procès-verbal du résultat obtenu.

Art. 5.

Les maires de chaque commune se réuniront, à jour indiqué, au chef-lieu de l'unité (ou canton), pour y apporter les procès-verbaux de leurs communes respectives. Ils se constitueront, nommeront un bureau et dresseront procès-verbal du résultat obtenu.

Art. 6.

Les présidents et les secrétaires désignés pour former le bureau dans la réunion centrale de chaque unité, se réuniront le lendemain au chef-lieu de l'arrondissement électoral où, après s'être constitués, ils dresseront procès-verbal de leurs opérations et proclameront les élus.

Art. 7.

La nomination ne pourra avoir lieu qu'à la majorité absolue des suffrages.

Art. 8.

Dans le cas où aucun des candidats n'aurait obtenu la majorité des suffrages, la réunion centrale de l'arrondissement électoral désignera les deux qui auront obtenu le plus grand nombre. Elle désignera également un jour où un scrutin de ballotage devra avoir lieu dans chaque commune entre les deux candidats.

Art. 9.

Le ministre secrétaire d'Etat au département de l'intérieur est chargé, etc.

4415 Imp. Maulde et Renou, rue Bailleul, 9-11.

BELGIQUE

Hazebrouck

NORD

Lille

PAS DE CALAIS

Douai

Cambrai

Avesnes

SOMME

Lachapelle

St Quentin

Vervins

E

ARDENNES

Laon

AISNE

Soissons

OISE

Crespy

Villers-Cotterets

MARNE

Figure 1.

Figure 2.

Cette Figure rendra sensible à l'œil par des lignes le but que nous nous proposons d'atteindre. Dépourvus des documents statistiques nécessaires pour diviser ces deux départements par arrondissements contenant chacun 80.000 âmes, nous avons tracé ces divisions à peu près, ainsi par un exemple, comment deux départ[ments] limitrophes ayant chacun un nombre impair de représentants à nommer, pourraient composer à leur frontière commune, un arrondissement mixte habité par des populations pleines d'affinité entre elles, bien que faisant partie de circonscription administratives distinctes.

A, B, C, Arrondissements de l'Aude.
D, F, Arrondissements des Pyrénées Orientales.
G, Arrondissement mixte.

www.ingramcontent.com/pod-product-compliance
Lightning Source LLC
LaVergne TN
LVHW021752030726
842523LV00003B/996